AF143377

BEI GRIN MACHT SICH IHR
WISSEN BEZAHLT

- Wir veröffentlichen Ihre Hausarbeit,
  Bachelor- und Masterarbeit

- Ihr eigenes eBook und Buch -
  weltweit in allen wichtigen Shops

- Verdienen Sie an jedem Verkauf

Jetzt bei www.GRIN.com hochladen
und kostenlos publizieren

Diffusionstheorie anhand der Europäischen Union. Innovatoren und Nachzügler in der Digitalisierungspolitik

Maurice Erlemann

Bibliografische Information der Deutschen Nationalbibliothek:

Die Deutsche Nationalbibliothek verzeichnet diese Publikation in der Deutschen Nationalbibliografie; detaillierte bibliografische Daten sind im Internet über http://dnb.d-nb.de abrufbar.

ISBN: 9783346574794
Dieses Buch ist auch als E-Book erhältlich.

© GRIN Publishing GmbH
Nymphenburger Straße 86
80636 München

Druck und Bindung: Books on Demand GmbH, Norderstedt Germany
Gedruckt auf säurefreiem Papier aus verantwortungsvollen Quellen

Das vorliegende Werk wurde sorgfältig erarbeitet. Dennoch übernehmen Autoren und Verlag für die Richtigkeit von Angaben, Hinweisen, Links und Ratschlägen sowie eventuelle Druckfehler keine Haftung.

Das Buch bei GRIN: https://www.grin.com/document/1165580

Universität Potsdam

Sommersemester 2021

Fakultät für Wirtschafts- und Sozialwissenschaften

Modul: Vertiefungsmodul Politik und Regieren in Deutschland und Europa

Lehrveranstaltung: Staatstätigkeit in Deutschland und Europa: Politikfelder im Vergleich

Diffusionstheorie am Beispiel der Europäischen Union – Innovatoren und Nachzügler in der Digitalisierungspolitik

Abgabedatum: 05. Oktober 2021

Verfasser/in: Maurice Erlemann
Studiengang: Geschichte, Politik und Gesellschaft
Fachsemester: 4. Fachsemester

Inhaltsverzeichnis:

1. Einleitung

Das Thema "Digitalisierung" gewinnt im Alltag an elementarer Bedeutung, sowohl für Bürgerinnen und Bürger, als auch für staatliche Institutionen oder internationale Organisationen. Der Grund hierfür ergibt sich besonders aus der Automatisierung und damit der Vereinfachung sämtlicher Prozesse, sei es die bloße behördliche Antragstellung oder die komplette Umstrukturierung von Verwaltungsstrukturen durch eine erheblich verbesserte Vernetzung. In einer Umfrage der Friedrich-Ebert-Stiftung von 2019, welche die Digitalisierung in Deutschland thematisierte, gaben insgesamt 46 Prozent der Befragten an, dass sich ihr Leben durch einen solchen Prozess nachhaltig verbessern würde. Dies zeigt zwar, dass auch ein großer Teil der Bevölkerung dem Digitalisierungsprozess eher skeptisch gegenübersteht, möglicherweise aus emotionalen Faktoren oder aus bloßer Unkenntnis über den Umgang mit den neuen Technologien, dennoch gewinnt das Thema offensichtlich immer mehr an Rückhalt. Aber wie gehen Staaten mit solch neuen technischen Möglichkeiten und Herausforderungen um? Nehmen sie gegenüber digitalen Ressourcen eine eher positive oder skeptische Haltung ein? Wie drückt sich diese Haltung in ihrer Digitalisierungspolitik aus? Diese Fragen lassen sich eventuell beantworten, indem man die Lage innerhalb der Europäischen Union bewertet, da hier, wie sich im späteren Verlauf der Hausarbeit herausstellen wird, die Unterschiede bezüglich der Haltung, des Umgangs mit der Thematik und der letztendlichen Policy-Gestaltung am deutlichsten erkennbar sind. Außerdem könnte man Schlussfolgerungen darüber treffen, welche Staaten innerhalb der EU als Vorbilder, und welche vielleicht sogar als abgehängte Nachzügler gelten könnten. Hierfür eignet sich ein besonderes Instrument der Policy-Forschung, die Diffusionstheorie. Sie beschreibt im Großen und Ganzen den Grund und den Mechanismus für die Ausbreitung bestimmter Politiken und Innovationen innerhalb Europas. Außerdem könnte sie Rückschlüsse darüber bringen, warum sich einzelne Staaten in ihrer aktuellen Lage innerhalb der Digitalisierungspolitik befinden und wie diese gegenseitig voneinander profitieren könnten.

Die Relevanz des Themas liegt ganz klar in der Aktualität der Digitalisierung und dessen steigende Nachfrage seitens der Bevölkerung, Behörden und Unternehmen. Oftmals zeigt sich auch, dass sich ein staatliches Desinteresse bezüglich digitaler Ressourcen in Form von hoher Verdrossenheit innerhalb der zuvor erwähnten Parteien sowie in Wettbewerbsunfähigkeit auf internationaler Ebene rächt. Aus dem Grund beschäftigen sich vermehrt Regierungen und Forschungseinrichtungen mit digitalen Errungenschaften in den Vorreiterstaaten und wie diese in das eigene Regierungssystem adaptiert werden könnten. Das Modell des Diffusionsmechanismus wird dabei eher seltener aufgegrriffen, beschreibt jedoch dieses Phänomen der Policy-Übernahme mit am besten.

2. Diffusionstheorie am Beispiel der Europäischen Union

Unter der Diffusion wird im politikwissenschaftlichen Kontext eine prozessbasierte Ausbreitung bestimmter Politiken oder politischer Verfahren innerhalb eines zeitlichen oder geografischen Raumes verstanden (Jahn 2015: 247). Vor allem in geografischer Hinsicht werden in der Regel Staaten beziehungsweise Staatenkollektive als Untersuchungsobjekte verwendet, welche zwar politisch Unabhängig voneinander agieren, jedoch in ihrem Regieren die Entscheidungen anderer Staaten berücksichtigen und dementsprechend eine sichtbare Interdependenz aufweisen (Elkins & Simmons 2005: 35). Diese Übernahme von Politiken beziehungsweise der Prozess auf der Makroebene erfolgt schließlich über folgende Mechanismen, also direkte Einflüsse, die z.B. Staat A dazu zu bewegen die Politik von Staat B teils oder oder ganz zu adaptieren: Wettbewerb, Lernen, Zwang und Nachahmung (Jahn 2015: 255). Der Mechanismus "Wettbewerb" ist dabei überwiegend im ökonomischen Sinne gemeint und beschreibt die Policy-Adaption, möglicherweise auch dessen Nachjustierung, um anderen Staaten gegenüber im Vorteil zu sein (ebd.). Diffusion durch Lernen entsteht vor allem aus dem Faktor "Erfahrung" heraus. Länder versuchen möglicherweise Policies erst zu übernehmen, wenn sich diese bereits in anderen Ländern als erfolgreich herausgestellt haben. Dies kann aber auch zu einer negativen Diffusion führen, wenn bestimmte Akteure eben keine Policies übernehmen, da diese vielleicht eine bestimmte Problematik lösen, jedoch zu neuen Belastungen führen (ebd. 257). Zwang entsteht oftmals aus externem oder internem Druck, welcher entweder noch internationalen Organisation oder von einigen Bevölkerungsgruppen entstehen kann. Diese Druck kann sich entweder in Selbstverpflichtung ausdrücken (ebd.), indem z.B. innerhalb von Organisationen an die Verbesserung bestimmter Verfahren appelliert wird, oder in direkten Zwang aus Angst vor Konsequenzen in Form von Sanktionen oder sonstigen Maßregelungen. Nachahmungen finden schließlich in Form einer Normangleichung zur Sicherung staatlicher Legitimität statt (ebd.). Staaten versuchen so in gemeinsamer Interaktion möglicherweise, vorteilhafte Verfahrensweisen um so ein gängiges Paradigma für weitere Staaten innerhalb einer Gemeinschaft zu verfestigen.

Ein signifikanter Teil der Diffusionsforschung besteht aus dem sogenannten "Diffusion of Innovations"-Modell (DOI) von Everett M. Rogers. Hierbei werden, je nach Betrachtung entweder auf der Makro- oder Mikroebene, Prozesse beobachtet, in denen sich technische Innovationen oder signifikante politische Reformen in diversen Politikfeldern innerhalb eines sozialen Systems verbreiten (Karnowski & Kümpel 2016: 98). Dabei spielen auch externe Faktoren, wie der Zeitverlauf der Diffusion, die internen Bedingungen, sowie der Handlungsrahmen der betroffenen Akteure eine wichtige Rolle. Rogers unterteilt den Diffusionsprozess bis zur Übernahme einer Innovation in fünf Phasen (Rogers 1983: 36): Als erstes bildet sich beim Untersuchungsobjekt, sei es eine Region, ein Staat oder ein individueller Akteur, eine sogenannte Knowledge-Phase, bei der es primär darum geht, sich über die Innovation in Kenntnis zu setzen. Dabei ist es wichtig sich der bloßen Existenz der Innovation bewusst zu werden (awareness-knowledge), die Art und Weise wie sie anwendbar ist zu verstehen (how-to-knowledge) und ihre tiefliegenden Grundlagen und Prozesse zu verinnerlichen (vgl. Karnowski & Kümpel 2016: 99). In der darauffolgenden Persuasion-Phase analysiert das Untersuchungsobjekt die Eigenschaften der Innovation, vor allem ihre Kompatibilität, Komplexität oder die relativen Vorteile einer Implementierung, um sich ihr gegenüber schließlich im positiven oder negativen Sinne zu positionieren (vgl. ebd. 100). Schließlich muss im Rahmen der Decision-Phase die endgültige Entscheidung getroffen werden, ob die Einführung Innovation angenommen oder abgelehnt wird. Im Falle einer Annahme folgt die Implementation-Phase, wobei hier die Innovation vom Akteur entweder exakt adaptiert wird oder noch einmal individuell nach den eigenen Rahmenbedingungen angepasst werden kann (ebd. 101). Im fünften und letzten Part von Rogers Diffusionsmodell, der Confirmation-Phase, versucht der Übernehmer der Innovation schließlich seine oder ihre Entscheidung mittels empirischer Befunde oder allgemeinen Informationen von Außen zu bestätigen.

Rogers' DOI-Modell betrachtet zudem die Position der Akteure innerhalb eines Zeitraumes und erörtert, wer im Falle einer frühen Implementierung einer Innovation eine Vorreiterposition einnimmt oder als Nachzügler im Vergleich hinterherhinkt. In der Regel wird der Diffusionsprozess unter der Darstellung der Akteure in einer Gaußschen Normalverteilungskurve abgebildet und in fünf Kategorien aufgeteilt. Die sogenannten Innovatoren ("innovators") und die frühzeitigen Anwender ("early adopters"), welche innerhalb der Kurve den geringsten Anteil ausmachen, gelten als die führenden Träger neuer Reformen oder technischer Errungenschaften. Gleichzeitig gehen sie durch ihre Rolle als Vorreiter die größten Risiken ein, da sie über den geringsten Erfahrungswert verfügen und ihre Entscheidungen meistens basierend auf theoretische Studien statt auf praktische Anwendungen in der Realpolitik treffen müssen (vgl. Reddick et al. 2019: 381). Die dritte Kategorie besteht aus der frühen Mehrheit ("Early Majority"), welche tendenziell ebenso progressiv ausgerichtet sind wie die Vorreiter, jedoch auf die nötige Evidenz warten, ob diese oder jene Innovation die gewünschte Effektivität mit sich bringt oder anderweitig von Vorteil ist (vgl. ebd).

Die späte Mehrheit ("Late Majority"), welche zusammen mit der frühen Mehrheit die prozentual größte Einheit innerhalb der Normalverteilung abbildet, ist im Vergleich sehr risikoavers und trauen sich im Regelfall erst an eine Innovation heran, wenn diese bereits großflächig von anderen Akteuren angewandt wird und ein positives outcome nahezu garantiert werden kann. Die letzte Gruppe bilden die Nachzügler ("laggards"), welche zumeist auch traditionelle eine sehr konservative Haltung einnehmen (vgl. Karnowski & Kümpel 2016: 103). Durch ihre vergangenheitsbezogene Einstellung und einen extremen Bedarf an Sicherheit liegen die Nachzügler im Vergleich mit den anderen Akteuren (im politikwissenschaftlichen Kontext im internationalen Vergleich) meist im unterdurchschnittlichen Bereich.

Dieses Modell soll in dieser Hausarbeit als Kerninstrument für die Bearbeitung der Thematik dienen. Doch wieso soll ausgerechnet die Europäische Union als zentrales Untersuchungsobjekt für Diffusionsmechanismen dienen? Dies liegt insbesondere daran, dass sie als supranationaler und als in sich geschlossener Staatenverbund, dessen Mitgliedsstaaten sich in einer mehr oder minder klaren Interdependenz zueinander befinden ideal ist, um die Ausbreitung von Innovationen im Rahmen von Diffusion analysieren zu können. In dieser Hausarbeit steht der Oberbegriff "Innovation" für diejenigen Policies, welche im Rahmen der digitalen Transformation von staatlichen Institutionen realisiert wurden und insbesondere die öffentliche Verwaltungsarbeit reformieren sollen.

3. Definition "E-Government" und die europäische Digitalisierungspolitik

"E-Government" beschreibt im Großen und Ganzen eine informationstechnisch basierte Durchführung staatlicher Prozesse seitens der Regierung oder individueller Behörden auf Bundes-, Landes-, oder Kommunalebene. Dabei ist der Begriff einerseits als Bereitstellung digitaler Dienstleistungen und Informationen seitens dieser Institutionen für Bürger/Innen oder Unternehmen zu verstehen (Wirtz & Daiser 2018: 987), zum Beispiel in Bereichen wie der Grundbuchführung oder der Steuerverwaltung. Andererseits beschreibt er auch einen Prozess, welcher die gesamte politische Sphäre grundlegend modernisieren soll. Dabei reicht dieser Wandel von der bloßen "Digitization", also der Bereitstellung analoger Ressourcen (Formulare, personenbezogene Informationen etc.) innerhalb eines digitalen Netzwerkes (Mergel 2019: 164), bis hin zur "Digitalization", die Prozessoptimierung der Verwaltungsaufgaben mittels Informations- und Kommunikationstechnik. Des Weiteren lässt sich das Konstrukt des E-Governments als normatives Element für die Politik einordnen, also als neues Paradigma, welches die öffentliche Arbeit transparenter, effektiver, interaktiver und, unter Umständen, kostensparender macht (vgl. Wirtz & Daiser 2018: 987). In der praktischen Anwendung finden sich, im europäischen Kontext, digitalisierte Verwaltungsprozesse in verschiedenen Bereichen wider, seien es Methoden für elektronisches Identitätsmanagement, digitale Wahlen (e-Voting) oder die elektronische Abwicklung von Eigentumsverhältnissen, welche jedoch in den folgenden Kapiteln mit empirischen Fallbeispielen noch einmal genauer erläutert werden sollen. Ein wichtiger Punkt für den Ist-Zustand der europäischen Verwaltungsdigitalisierung stellt auch die Frage dar, wie diesbezügliche Policies verabschiedet werden und von wem. Vor allem auf europäischer Ebene werden Gesetze in Form von Zielvorgaben in der Digitalisierungspolitik verabschiedet. Ein Beispiel dafür wäre die 2015 von der Europäischen Kommission verabschiedete Strategie zur Errichtung eines digitalen Binnenmarktes, um Verwaltung, Industrie und Gesellschaft dahingehend zu modernisieren (Androniceanu et al. 2019: 2). In Hinblick auf diverse Statistiken zeigen sich aber dennoch enorme Disparitäten zwischen den einzelnen EU-Mitgliedsstaaten. Interessanterweise sind diese nicht ausschließlich wirtschaftlich begründet (Deutschland nimmt trotz des BIP-Höchstwertes der gesamten EU beim Digital Economy and Society Index mit Platz 12 eine eher mittelmäßige Position ein) sondern oftmals auch geografisch fundiert. Während der allgemeine Digitalisierungsgrad in Nordeuropa enorm hoch ist, bestehen gravierende Defizite im osteuropäischen Raum. Dieses Phänomen bestätigt dabei, dass das nationale Agenda-Setting sowie wirtschaftliche und gesellschaftliche Rahmenbedingungen um einiges bedeutsamer sind, als supranationale Richtungsvorgaben. Wenn nun die Entwicklung der Digitalisierungspolitik auf nationaler Ebene in die Diffusionstheorie nach Rogers eingefügt werden kann, könnte man gegebenenfalls klare Vorreiter- und Nachzüglerrollen feststellen und im Endeffekt ein normatives Fazit abgeben, wie sich, gerade in der Europäischen Union, die Mitgliedsstaaten im digitalen Bereich gegenseitig vorantreiben könnten. Ersteres gilt es nun im nächsten Kapital zu erörtern.

4. Innovatoren in der Europäischen Union

Die folgenden Staaten in den nächsten zwei Kapiteln sind aufgrund zweier Indizes ausgewählt worden, welche den Digitalisierungsgrad der Europäischen Union und seiner Mitgliedsstaaten sinngemäß widerspiegeln. Zum einen handelt es sich um den Digital Economy and Society Index (DESI), welcher mehrere Indikatoren verwendet, um den digitalen Fortschritt der jeweiligen 28 Staaten (aufgrund der aktuellsten Datenerhebung von 2019 ist Großbritannien noch als Mitglied in der Statistik vorhanden) und dessen Wettbewerbsfähigkeit in diesem Bereichen zu messen (Europäische Kommission 2020: 11). Die Indikatoren bestehen aus der digitalen Konnektivität (z.B.

Breitbandabdeckung), Humankapital (Digitale Kompetenzen), die Nutzung des Internets für Kommunikations-, Transaktions- und Informationszwecke, die Integration digitaler Technologien zu wirtschaftlichen Zwecken und das Angebot digitaler Dienstleistungen von öffentlichen Behörden ("public services"). Die zweite Statistik ist der sogenannte Index of Readiness for Digital Lifelong Learning in Europe (IRDLL), welcher vom CEPS in Kooperation mit Google entworfen wurde und den Fokus auf digitalisierte Lehrangebote und das Angebot digitaler Tools zum Erwerb bestimmter Kompetenzen legt. Die drei zentralen Indikatoren bestehen aus der Partizipation der Bevölkerung an solchen Lehrangeboten, der Verfügbarkeit, sowie der Anzahl der verfügbaren digitalen Lehrangebote, sowie die Policies und Institutionen bezüglich dieses Politikfeldes (Beblavy et al. 2019). Folglich sollen die jeweils ersten und letzten Plätze beider Indizes als Fallbeispiele gelten, um die Disparitäten innerhalb der Europäischen Union zu verdeutlichen und um möglicherweise die klassische "Innovator" und "Laggard"-Rollenverteilung im Rahmen der Diffusiontheorie belegen zu können.

4.1. Finnland

Finnland belegte bei der Auswertung des DESI 2020 mit einem Score von 72,3 auf Platz eins aller EU-Mitgliedstaaten (Durchschnitt: 52,6) aufgrund der höchsten Gesamtperformance aus allen Indikatoren. Besonders die Punkte des Humankapitals und des Angebotes von öffentlichen digitalen Dienstleistungen waren im EU-Vergleich am höchsten (Europäische Kommission 2020: 14). Der erste Grund dafür liegt im überdurchschnittlich hohen Anteil der Gesamtbevölkerung, welcher über grundlegende, beziehungsweise genügende digitale Kompetenzen verfügt. Etwa 76 Prozent der Finnen verfügen über solches Basiswissen in dieser Thematik, was den EU-Durchschnitt von 58 Prozent deutlich übersteigt (ebd.: 7). Eine wichtiger Faktor für dieses Phänomen liegt wohl bei der Förderung von Fachgebieten wie Naturwissenschaften, Informationstechnik, Mathematik und Ingenieurswesen über das sogenannte LUMA Centre, eine Institution der Universität in Helsinki, welche die Kooperation zwischen Schulen, Universitäten und Unternehmen verbessern soll und vom finnischen Bildungs- und Kulturministerium finanziell unterstützt wird (ebd.: 8). So sollen bereits Kinder, Jugendliche, sowie Studierende und Auszubildende für technologische und digitale Kernthemen sensibilisiert werden. Die eigentlichen Faktoren, welche Finnland zu einem legitimen "Innovator" zählen würden, sind die bereits früh realisierten Errungenschaften ab den späten neunziger Jahren. Mit der 1999 vorgestellten "FINEID"-Karte gelang es Finnland als erstes Land einen elektronischen Identitätsnachweis für seine Bürger/innen bereitzustellen (Rissanen 2010: 175). Dieser ermöglicht es, abgesehen von der Verwendung als Reisedokument, digitale

Dienstleistungen von Behörden und Regierungsinstitutionen mobil zugänglich zu machen und elektronische Unterschriften zu verfassen (ebd.). Ein weiteres Beispiel für das bereits sehr frühe digitale Agenda-Setting in Finnland ist das elektronisch basierte Gesundheits- und Sozialhilfesystem. Bereits 1995 wurden etwaige Strategien entwickelt, um dieses Projekt umzusetzen, was in die volle Implementierung einzelner Vorgänge in den 2010er-Jahren mündete (Vehko et al. 2018: 10). So besteht seit 2010 das digitale Netzwerk "Kanta", welches von der finnischen Sozialversicherungsbehörde "Kansaneläkelaitos" (kurz: Kela) verwaltet, und stets weiterentwickelt wird (vgl. ebd.: 24). Dieses Netzwerk bietet den Bürger/innen den Zugriff auf die persönliche Patientenakte in elektronischer Fassung, sowie die Anwendung der sogenannten "e-Prescription" (ebd.: 10). Ärztliche Rezepte können so auf digitalem Wege erstellt, der Person zugeschickt und ausgefüllt werden. Diese Funktion findet in der finnischen Bevölkerung enorme Popularität, was sich in der Tatsache ausdrückt, dass etwa 2,3 Millionen Finnen (etwa 42 Prozent der Gesamtbevölkerung) Nutzer von Kanta sind.

Finnland ist ein ideales Beispiel dafür, dass es bei der Digitalisierung eines Staates und beim Ausbau von Policies für diesen Zweck nicht nur von Relevanz ist, welche konkreten Projekte und Strukturen in die Verwaltung implementiert werden, sondern auch die Rahmenbedingung, wie viele Bürger/innen auch tatsächlich von diesen Gebrauch machen. Das Problem vieler Staaten mit digitalen Defiziten ist vor allem die geringe Resonanz und das mangelnde Interesse seitens der Bevölkerung. Meistens spielen dabei auch Faktoren wie Angst, Überforderung oder schlichtweg digitale Inkompetenz eine tragende Rolle. Mit den zuvor erwähnten staatlich geförderten Bildungsprogrammen versucht der Staat offenbar das Bewusstsein für Informations- und Kommunikationstechnik, insbesondere für junge Generationen, seit den Neunzigern erheblich zu verbessern. Aufgrund dieser Faktoren, und den bereits früh erfolgreichen Implementierungen, wäre Finnland definitiv die Rolle des "Innovators" innerhalb der Europäischen Union zuzuordnen.

4.2. Estland

Mit der Belegung des ersten Platzes im IRDLL zeichnet sich die besonders rasche Entwicklung Estlands in der Digitalisierungspolitik aus. Besonders in der Kategorie "Institutions and Policies" steht das Land mit an vorderster Stelle, was nicht zuletzt der enormen Bandbreite an e-Services von öffentlichen Institutionen und den elektronischen Lehrangeboten in Bildungseinrichtungen geschuldet ist. Ebenso wie in Finnland zeigt Estland auch auf, wie wichtig die digitale Kompetenzen in der breiten Bevölkerung sind, um eine tatsächliche Transformation herbeizuführen.

Den Grundstein hat der Staat mit dem Förderprogramm "Tiigrihüpe" gelegt, welches 1997 etabliert wurde, um das Bildungssystem mit IT-Infrastrukturen zu reformieren (vgl. Education Estonia 2021). Bereits im Jahr 2000 wurden alle Schulen landesweit mit Computern ausgestattet, welche 2001 auch allesamt eine Internetverbindung bereitstellten (ebd.). Mittlerweile gehören elektronische Tools zum organisatorischen Alltag in estnischen Bildungseinrichtungen: 95 Prozent der Lehrer nutzen digitale Ressourcen als Lernunterstützung für ihre Kurse und für die Kommunikation mit den Schülern und Eltern (vgl. Beblavý et al. 2019: 44). Doch auch abseits der Bildungspolitik finden sich bereits früh etablierte Innovationen in Estland wider. 2005 wurde das sogenannte "E-Voting" implementiert, also elektronische Wahlen auf regionaler, nationaler und europäischer Ebene (Vassil et al. 2016: 454). Estnische Bürger/innen können sich mit ihrem elektronischen Personalausweis über einen Smartcard-Reader an ihrem Computer anmelden, um so ihre Wählerstimme online zu vergeben (ebd.). Diese vergleichsweise bequeme Art der Wahl findet statistisch gesehen eine besonders positive Resonanz der Bevölkerung im Laufe der letzten Jahre. Während bei der Parlamentswahl 2007 noch 5,5 Prozent der Bürger/innen ihre Stimme via E-Voting abgegeben haben, waren es bei der Europawahl 2019 bereits 46,7 Prozent (e-Estonia 2021). Eine letzte noch zu erwähnende Innovation der estnischen Regierung wäre der Einsatz der Blockchain-Technologie im öffentlichen Sektor. Die eher aus dem Bereich der Kryptowährungen bekannte Technologie besteht aus einer dezentralen Datenbank, in welcher Transaktionen und Datensätze auf einem verteilten Kontenbuch dokumentiert werden (Schürmeier 2021: 56). Die Teilnehmer des Netzwerkes (zum Beispiel öffentliche Behörden) verfügen somit über den selben Informationsstand und können unter Umständen viel besser fachübergreifend arbeiten, was Einsparungen in Bürokratie, Kosten und Zeit zur Folge haben kann. Werden beispielsweise nun Daten über eine Person erhoben, validieren alle Teilnehmer diese Information über einen Konsensmechanismus und speichern diese in Form eines verschlüsselten Datenblocks innerhalb einer Kette, bestehend aus weiteren Datensätzen, ab. Durch die Verschlüsselung und Verkettung der Daten können diese extern nicht verändert werden und sind nahezu vor Hackerangriffen geschützt. Um nicht auf zu viele technische Details einzugehen: Blockchain-Technologien sollen erheblich zu Cybersicherheit, Prozessautomatisierung und Transparenz aufgrund der gleichgestellten Zugänglichkeit der Daten beitragen. Estland macht sich diese Innovation in Form eines eigenen Blockchain-Systems zu eigen. Die sogenannte "Keyless Signature Infrastructure" (KSI) wird überwiegend für Register in verschiedenen Politikfeldern angewendet, besonders im Gesundheits-, Bank- und Liegenschaftswesen (GovChain 2021). Ein Vorteil ergibt sich in dieser Technologie auch darin, dass nur explizit autorisierte Teilnehmer auf das ein Register zugreifen können, eventuell also nur die zuständige Behörde und das jeweilige Individuum , welches einen persönlichen Einblick in die eigenen Daten (z.B. Patientenakte, Eigentumsurkunden etc.) benötigt.

5. Nachzügler in der Europäischen Union

Nach der Veranschaulichung beider Fallbeispiele soll nun geschildert werden, welche Staaten zu den Nachzüglern zählen könnten. Dies soll jedoch keine endgültige Schlussfolgerung sein, da sicherlich Faktoren dafür sprechen, dass diese Staaten in andere Kategorien in der Verteilungskurve zugeordnet werden können. Hierbei soll sich lediglich auf die Ähnlichkeit des staatlichen Handelns in der Digitalisierungspolitik mit den typischen Charaktereigenschaften eines Nachzüglers, wie zum Beispiel die Risikoaversion oder die geringfügige Fachkompetenz berufen werden.

5.1. Deutschland

Deutschland besetzt mit dem 27., und damit letzten Platz des IRDLL, eine doch sehr überraschende Position innerhalb des Indexes. Die gravierendsten Defizite weist das Land in der Kategorie "Institutions and Policies" auf, was auf eine besonders schlechte institutionelle Aufstellung digitaler Ressourcen in Schulen oder Behörden hindeutet (vgl. (vgl. Beblavý et al. 2019: 47). Dabei versucht die Bundesregierung zumindest Ambitionen bezüglich der Digitalisierung zu zeigen, indem sie beispielsweise versucht Reformen wie das Onlinezugangsgesetz (OZG) umzusetzen. Dieses ist eine 2017 verabschiedete Verwaltungsreform, welche vom Bundesinnenministerium in Zusammenarbeit mit dem IT-Planungsrat verabschiedet wurde und dem Zweck dient, sämtliche Verwaltungsdienstleistungen auf Bundes- und Länderebene anbieten zu können (Mergel 2019: 162). Außerdem sollen sämtliche Online-Portale der Bundesländer in einem zentralen Bundesportal gebündelt werden. Auch das Konzept der Online-Ausweisfunktion (eID) wurde am 01. Januar 2021 implementiert. Diese ermöglicht es, genauso wie in Finnland und Estland, online auf digitale Dienstleistungen ohne Behördengänge zugreifen zu können (BMI 2021). Das Problem liegt also nicht unbedingt an mangelnden Ressourcen zur digitalen Bereitstellung, sondern am Faktor "Zeit". Wenn man bedenkt, dass Deutschland das eID-Konzept rund 20 Jahre nach Finnland und 15 Jahre nach Estland implementiert hat, wird bereits deutlich, dass nur sehr zögerlich mit neuen Innovationen umgegangen wird. Der deutsche Bildungssektor spricht ebenfalls sinnbildlich für die digitalen Defizite. Eine PISA Studie der OECD besagt, dass lediglich 33 Prozent der Schüler/innen Zugang zu einer digitalen Lernplattform ihrer Schule besitzen, was deutlich unter dem OECD-Durchschnitt von 53 Prozent liegt (vgl. Ikeda 2020: 3). Diese Tatsache band der IRDLL in die

Datenerhebung mit ein und kam zu dem Resultat, dass deutsche Schulen und dessen Lehrkräfte nicht in der Lage sind, ihre Schüler/innen auf nötige digitale Kompetenzen vorzubereiten oder sie dahingehend auszubilden (Beblavý et al. 2019: 47). Auch die in der Einleitung erwähnte Umfrage der Friedrich-Ebert-Stiftung zeigt auch deutlich, dass 34 Prozent der Befragten die Digitalisierung als eher negativ Paradigma ansehen, welches ihr Leben nicht nachhaltig verbessern würde. Gleichermaßen geben auch 62 Prozent der Befragten an, dass digitale Innovationen keinen Fokus auf die menschlichen Bedürfnisse legen. All diese Faktoren, wie die enorme zeitliche Verzögerung bei der Übernahme von Innovationen, die schlecht digital ausgebauten Schulen und die weit verbreitete Skepsis der Bevölkerung, lassen Deutschland tendenziell in eine risikoaverse, konservative und kompetenzschwache Nachzüglerrolle klassifizieren.

5.2. Bulgarien

Bulgariens Probleme im digitalen Sektor drücken sich besonders in der Belegung des letzten Platzes im DESI 2020 aus. Jede Kategorie des Indexes deutet auf einen unterdurchschnittlichen Wert im Vergleich mit dem EU-Durchschnitt hin. Besonders die Internetnutzung erreicht ein Rekordtief: Etwa 24 Prozent der Bulgaren haben das Internet im Allgemeinen noch nie genutzt, was in der Europäischen Union den Höchstwert an Nichtnutzung mit sich bringt (Europäische Kommission 2020: 10). Auch die Bürgerkompetenz ist in Bulgarien noch relativ ausgedünnt, was sich in der Tatsache widerspiegelt, dass nur 29 Prozent der Bevölkerung über digitale Grundkenntnisse verfügen (ebd.: 8). Zumindest versucht die Regierung Förderprogramme zu entwickeln, um nicht nur das digitale Angebot von Dienstleistungen zu verbessern, sondern auch Schulungen für solche Kernkompetenzen zu verbessern. Das nationale Programm "Digital Bulgaria 2025", welches vom Ministerium für Transport, Informations- und Kommunikationstechnologie koordiniert wird, zielt darauf ab, Schulen mittels IT-Infrastruktur zu modernisieren, Lehrkräfte digital auszubilden und die Kompetenzen von Schüler/innen maßgeblich zu verbessern (Jākobsone 2021). Was digitale Innovationen betrifft ist Bulgarien nach wie vor sehr rückständig. Konzepte für die eID-Funktion sind nach wie vor in der Planungsphase und noch nicht realpolitisch implementiert (Pedroli 2021 : 26). Dienstleistungsportale für Bürger/innen für behördliche Angelegenheiten oder zur bloßen Möglichkeit zum Informieren sind ebenfalls noch nicht adaptiert worden. Trotz der neuzeitlichen Ambitionen der Regierung bleibt Bulgarien somit auf der hintersten Nachzüglerposition.

6. Fazit

Im Grunde ergeben sich aus den Daten der vorherigen Kapitel zwei Erkenntnisse. Die konzeptionelle Erkenntnis besteht darin, dass sich Rogers Diffusionsmodell durchaus in die Realität umsetzen lässt, da offenbar erhebliche Unterschiede zwischen den Mitgliedsstaaten bestehen und sich leicht herauskristallisiert, welche Staaten bereits frühzeitig die Chancen und Vorteile von digitalen Innovationen erkannt haben und diese auch mit einer gewissen Offenheit und Risikobereitschaft in die Realpolitik implementierten, und welche große Probleme damit haben sich neuen, möglicherweise unbekannten Technologien anzunähern, sei es aus gesellschaftlichen (konservative Regierung/Bevölkerung, enorme Sicherheitsbezogenheit etc.) oder materiellen Gründen (finanzielle Probleme, schwache Infrastruktur etc.). Sicher wäre das Diffusionsmodell mit Bezug auf die Europäische Union noch aussagekräftiger, wenn alle Mitglieder darin einfließen, was jedoch deutlich den Rahmen dieser Hausarbeit sprengen würde. Doch diese Beispiele reichen eventuell schon aus um die Diffusionsmechanismen belegen zu können: Digitalisierung wird bereits jetzt und in naher Zukunft zu einem der größten wettbewerbsorientierten Faktoren, und Staaten, die sich dieser Thematik verweigern, werden zwangsläufig wirtschaftlich, sozial und infrastrukturell abhängt sein.

Die zweite Erkenntnis gleicht eher einem normativen Leitfaden. Anhand der vier Fallbeispiele erkennt man, dass es nicht primär wichtig ist, welche Innovationen implementiert werden, sondern wie diese von der Bevölkerung aufgenommen und angewandt werden. Bevor sich ein digitaler Staat entwickeln kann, muss es zuerst eine digitale Gesellschaft als Fundament entstehen, was mit einer konservativen und dahingehend skeptischen Mehrheit, wie beispielsweise in Deutschland, nur geringfügig möglich sein wird. Aus dem Grund sollte es zunächst die Hauptaufgabe der Staaten sein, digitale Bildung und Weiterbildung zu fördern, beziehungsweise die dafür benötigten Technologien in allen Bildungseinrichtungen bereitzustellen. Nur wenn bereits frühen Generationen der Umgang mit digitalen Ressourcen ermöglicht und antrainiert wird, kann ein gesellschaftlicher Wandel hervorgerufen, und die digitale Transformation umfassend vollzogen werden.

7. Literaturverzeichnis

- Androniceanu A., Georgescu I., Kinnunen J. (2019) Digitalization Clusters within the European Union. The International Business Information Management Conference. Granada.

- Beblavý M., Baiocco S., Kilhoffer Z., Akgüç M., Jacquot M. (2019) Index of Readiness for Digital Lifelong Learning. Changing How Europeans Upgrade Their Skills. https://www.ceps.eu/ceps-publications/index-of-readiness-for-digital-lifelong-learning/ (Letzter Aufruf: 05.10.2021).

- Bundesministerium des Innern, für Bau und Heimat. Die Online-Ausweisfunktion. https://www.bmi.bund.de/DE/themen/moderne-verwaltung/ausweise-und-paesse/online-ausweisfunktion/online-ausweisfunktion-node.html (Letzter Aufruf: 05.10.2021).

- Education Estonia (2021) How it all began? From Tiger Leap to digital society. https://www.educationestonia.org/tiger-leap/ (Letzter Aufruf: 05.10.2020).

- E-Estonia (2021) We have built a digital society and we can show you how. https://e-estonia.com/ (Letzter Aufruf: 05.10.2021).

- Elkins, Z. and Simmons, B. (2005) 'On Waves, Clusters, and Diffusion: A Conceptual Framework', The ANNALS of the American Academy of Political and Social Science, 598(1), S. 33–51. doi: 10.1177/0002716204272516

- Europäische Kommission (2020) Digital Economy and Society Index (DESI) 2020. Finland https://digital-strategy.ec.europa.eu/en/policies/desi-bulgaria (Letzter Aufruf: 05.10.2021).

- Europäische Kommission (2020) Digital Economy and Society Index (DESI) 2020. Bulgaria. https://digital-strategy.ec.europa.eu/en/policies/desi-finland (Letzter Aufruf: 05.10.2021).

- Europäische Kommission (2020) Digital Economy and Society Index (DESI) 2020. Thematic chapters. https://ec.europa.eu/newsroom/dae/document.cfm?doc_id=67086 (Letzter Aufruf: 05.10.2021).

- GovChain (2021) Estonia. https://govchain.world/estonia/ (Letzter Aufruf: 05.10.2021).

- Ikeda, M. (2020) Were schools equipped to teach – and were students ready to learn – remotely? *PISA in Focus*, 108, OECD Publishing, Paris, https://doi.org/10.1787/4bcd7938-en.

- Jahn D. (2015) Diffusion. In: Wenzelburger G., Zohlnhöfer R. (eds) Handbuch Policy-Forschung. Springer VS, Wiesbaden. https://doi.org/10.1007/978-3-658-01968-6_10

- Jākobsone (2021) Digital Bulgaria 2025 National Programme. https://digital-skills-jobs.europa.eu/en/actions/national-initiatives/national-strategies/bulgaria-digital-bulgaria-2025-national-programme (Letzter Aufruf: 05.10.2021).

Karnowski V., Kümpel A. (2016) Diffusion of Innovations. In: Potthoff M. (eds) Schlüsselwerke der Medienwirkungsforschung. Springer VS, Wiesbaden. https://doi.org/10.1007/978-3-658-09923-7_9

- Mergel, I. (2019). Digitale Transformation als Reformvorhaben der deutschen öffentlichen Verwaltung. dms – der moderne staat – Zeitschrift für Public Policy, Recht und Management, 12(1-2019), 162-171

- Mergel I. (2019) Digitale Transformation als Reformvorhaben der deutschen öffentlichen Verwaltung. der moderne staat – Zeitschrift für Public Policy, Recht und Management 12(1–2019):162–171. DOI: https://doi.org/10.3224/dms.v12i1.09

- Pedroli M., O'Neill G., Fravolini A., Marcon L. (2021) Overview of Member States´ eID strategies. CEF eID SMO Version 3.0.

- Reddick, C., Gabriel P., und Sukumar G. (2019) Determinants of blockchain adoption in the public sector: An empirical examination. Information Polity 24. IOS Press: 379–396. https://doi.org/10.3233/IP-190150

- Rissanen, Teemu (2010). Electronic identity in Finland: ID cards vs. bank IDs. *Identity in the Information Society* 3 (1):175-194.

- Rogers, E. M. (1983). *Diffusion of Innovations*. 3. Aufl.. New York: Free Press

- Schürmeier C. (2021) Blockchain in deutschen Verwaltungen. In: Stember J., Eixelsberger W., Spichiger A., Neuroni A., Habbel FR., Wundara M. (eds) Aktuelle Entwicklungen zum E-Government. Edition Innovative Verwaltung. Springer Gabler, Wiesbaden. https://doi.org/10.1007/978-3-658-33586-1_3

- Vassil, K., Solvak M., Vinkel P., Trechsel A., Alvarez R. (2016). The diffusion of internet voting. Usage patterns of internet voting in Estonia between 2005 and 2015. Government Information Quarterly. 33. 10.1016/j.giq.2016.06.007.

- Vehko T., Ruotsalainen S., Hyppönen H. (2018) E-health and e-welfare of Finland. National Institute for Health and Welfare.

- Wirtz B.W., Daiser P. (2018) E-Government. In: Voigt R. (eds) Handbuch Staat. Springer VS, Wiesbaden. https://doi.org/10.1007/978-3-658-20744-1_88